Inhaltsverzeichnis

Vorbemerkungen

Liebe Kollegin, lieber Kollege,

Werkstattarbeit ist in den letzten Jahren zu einer beliebten Organisationsform des offenen Unterrichts geworden. An vielen Schulen wird diese Arbeitsmethode bereits erfolgreich und regelmäßig praktiziert.
Mit dieser erprobten Lernwerkstatt können Sie das Thema „Ritter" lehrplangemäß in Ihrem Unterricht umsetzen und – falls Sie oder Ihre SchülerInnen damit bisher weniger Erfahrung haben – die Form des Werkstattunterrichts kennen lernen bzw. bisher gewonnenen Erfahrungen in diesem Bereich vertiefen.

Die Rahmenbedingungen des Werkstattunterrichts
Eine Lernwerkstatt bietet den SchülerInnen zu einem bestimmten Thema ein breitgefächertes Lernangebot für Einzel-, Partner- und Gruppenarbeit aus den unterschiedlichsten Lernbereichen an (z. B. Lese- und Schreibanlässe, künstlerisch-gestalterische Angebote, Aufgaben aus den Bereichen Mathematik, Wahrnehmung ...).
So weit wie möglich arbeiten die SchülerInnen selbstständig, indem sie aus dem Lernangebot auswählen, die Reihenfolge der Arbeitsangebote, die Sozialform und den Lernort bestimmen, wobei jeder Schüler nach seinem individuellen Lerntempo vorgehen kann. Werkstattunterricht beinhaltet somit fächerübergreifendes Arbeiten und ein hohes Maß an Individualisierung bzw. Differenzierung. Das Unterrichtskonzept schafft geeignete Voraussetzungen für selbstständiges, eigenverantwortliches Lernen und ermöglicht unterschiedliche Zugangsweisen zu einem Unterrichtsthema.
Zentrales Medium für das eigenständige Arbeiten der SchülerInnen sind Auftragskarten, auf denen der Arbeitsauftrag des jeweiligen Werkbereiches in kurzer, verständlicher Form formuliert ist.

Die Lehrkraft übernimmt die Rolle des Beraters und Helfers bei auftretenden Problemen, hält sich jedoch entsprechend dem Prinzip der minimalen Hilfe weitgehend zurück. Erfahrungsgemäß bleibt mehr Zeit für Schülerbeobachtungen und die Betreuung besonders förderungsbedürftiger Schüler als im herkömmlichen Unterricht, da die Lerngruppe insgesamt selbstständiger arbeitet. Trotz oder gerade wegen der oben aufgeführten Freiräume der SchülerInnen kommt Werkstattunterricht natürlich nicht ohne Regeln aus. Diese müssen zu Beginn der ersten Werkstatt gemeinsam mit den SchülerInnen erarbeitet werden (siehe Tipps zur Organisation).

Als hilfreich für die Organisation einer Werkstatt erweist sich entweder die Kooperation der unterrichtenden Lehrkräfte einer Klasse oder die Bündelung verschiedener Fächer in einer Hand (Klassenlehrerprinzip). Ebenfalls schafft die Nutzung von Gruppentischen, Nebenräumen, Arbeitsecken oder Fluren günstige, aber nicht unbedingt notwendige Bedingungen für die Durchführung von Werkstattunterricht.

Vorbemerkungen

Das Chefprinzip als tragendes Element des Werkstattunterrichts
Jeder Werkbereich obliegt der Hand eines „Chefs" oder „Helfers", der für diesen Bereich zuständig ist und folgende organisatorische Funktionen übernimmt: Der „Chef" erfüllt in erster Linie eine „Helferfunktion", indem er erster Ansprechpartner für MitschülerInnen bei Fragen und Problemen ist. Darüber hinaus verwaltet er das Material, das zu diesem Werkstattbereich gehört, indem er auf die Rückführung und Neubeschaffung notwendigen Arbeitsmaterials achtet. Nicht zuletzt kommt ihm die zentrale Aufgabe zu, Arbeitsaufträge von Mitschülern nach Ausführung zu sichten und auf dem Werkstattplan zu unterzeichnen. Um den „Chef" eines Werkbereiches jedoch nicht übermäßig zu belasten und den SchülerInnen ebenfalls die Möglichkeit zur Selbstkontrolle zu geben, werden an vereinbarter Stelle (z. B. Rückseite der Tafel, Lösungsordner ...) Lösungen ausgelegt, mit deren Hilfe bearbeitete Werkstattbereiche überprüft werden können. Wo die Kontrolle durch ein Lösungsblatt nicht gegeben werden kann (z. B. beim Verfassen freier Texte, die Überarbeitungshinweise erfordern), ist der „Chef" gefragt, um Feedback zu geben. Jeder Schüler ist somit „Chef" für einen Werkbereich. Sollte die Anzahl der SchülerInnen größer als die der Lernangebote sein, so können auch zwei oder mehr SchülerInnen als „Chef" eines Bereiches fungieren. Wesentlicher Vorteil des „Chef"- oder „Helferprinzips" ist die Übertragung von Lehrerkompetenzen auf SchülerInnen, wobei die Lehrkraft von zeitraubenden Aufgaben befreit wird und diesen Spielraum stärker für Belange einzelner SchülerInnen nutzen kann.

Die Lernwerkstatt „Ritter" aus didaktischer Sicht
Kinder im Grundschulalter zeigen großes Interesse an geschichtlichen Themen, da sie einen Hauch von Abenteuer und Geheimnis in sich bergen. Insbesondere fasziniert sie das Mittelalter durch seine im Vergleich zu heute oftmals schwierigen Lebensbedingungen (Kälte, Hunger ...), den Kampf gegen Feinde und Krankheiten sowie die andersgearteten alltäglichen Lebensgewohnheiten. Zugleich gibt es aber auch viel an Gemeinsamkeiten zu entdecken, wie beispielsweise die Entspannung durch Spiele, Musik und Wettkämpfe.

In dieser Werkstatt geht es sicherlich nicht um eine systematische Einführung in die Zusammenhänge, Abhängigkeiten und Entwicklungen innerhalb der Ritterzeit.
Vielmehr handelt es sich darum, Einblicke in das alltägliche Leben der Menschen, die Ausbildung von Jungen und Mädchen, die kulturellen Eigenheiten (Minnesänger, Wappen ...) und die Bedeutung von Rüstungen und Burgen zu gewähren, um nur einige Themen exemplarisch zu nennen.

BVK LW04 • Birgit Groß-Ernst / Marion Strelau: Lernwerkstatt „Ritter"

Vorbemerkungen

Die Themen motivieren zu Fragen an die Geschichte und geben gleichzeitig Antwort auf die Frage: „Wie war es früher?" Schließlich geht es darum, die eigenen Lebensumstände nicht als gegeben hinzunehmen, sondern als Produkt und Entwicklung der Geschichte anzusehen.
Diese Werkstatt ist selbstverständlich nicht nur fächerübergreifend angelegt, sondern ermöglicht auch durch eigenständiges Handeln vielfältige Zugänge zu dem Thema „Ritter".
Die 27 Angebote zum Lesen, Schreiben, Rechnen, Basteln, Bauen, Zeichnen und Dichten machen die Ritterzeit konkret erfahrbar und vermitteln den SchülerInnen ein großes Sachwissen.
Die vorliegende Werkstatt wurde für einen Zeitraum von vier Wochen konzipiert, wobei Ausgangspunkt eine tägliche Unterrichtszeit von einer Stunde war. Natürlich kann sie auch in einer kürzeren Zeit umgesetzt werden, wenn der Stundenplan mehr Zeit einräumt. Da die Werkbereiche thematisch nicht aufeinander aufbauen, können Werkbereiche ausgelassen oder ergänzt werden.

Wir wünschen Ihnen viel Spaß und Erfolg bei der Durchführung dieser Werkstatt!

Birgit Groß-Ernst und Marion Strelau

Tipps zur Organisation der Werkstattarbeit

Anordnung der Materialien im Klassenraum
Als vorteilhaft erweist es sich, die Werkstatt an einem für die SchülerInnen frei zugänglichen Ort im Klassenraum (Regale, Fensterbänke, Tische) aufzubauen und ein Ablagefach für jeden Werkbereich einzurichten. Dieses wird mit einer Nummer und dem Namen des „Chefs" versehen, der den Bereich betreut. Auf diese Weise ist direkt erkennbar, wer der zuständige Ansprechpartner ist. In dem Ablagefach befinden sich die Auftragskarte, die den Bereich kurz erläutert und den Arbeitsauftrag formuliert, entsprechende Arbeitsblätter und sonstige Materialien, die benötigt werden.

Verteilung der „Chefämter"
Es bestehen grundsätzlich zwei Möglichkeiten, die Zuordnung von „Chef" und Werkbereich zu organisieren: Entweder übernimmt die Lehrkraft vorab die Zuteilung unter Berücksichtigung der individuellen Interessen und Fähigkeiten der SchülerInnen oder diese entscheiden sich nach der ersten Begegnung mit der Werkstatt für einen Bereich, den sie betreuen möchten. Sollten die SchülerInnen noch keine Erfahrungen mit Werkstattunterricht gesammelt haben, ist es im Hinblick auf einen reibungslosen Start günstiger, die Zuordnung vorab vorzunehmen.

Der Werkstattplan als Überblick
Auf dem Werkstattplan, der jedem Schüler ausgehändigt wird, sind die einzelnen Werkbereiche der Reihe nach aufgelistet. Nach Beendigung einer Aufgabe wendet sich der Betreffende an den zuständigen „Chef", der diese überprüft und auf dem Werkstattplan unterzeichnet. Auf diese Weise erhalten Schüler und Lehrer einen Überblick über bereits bearbeitete Werkstattbereiche. Sinnvoll ist es, wenn jeder Schuler uber einen separaten Schnellhefter oder Ordner verfügt, in dem der Werkstattplan und zugehörige Arbeitsblätter gesammelt werden.

Regeln für die Werkstattarbeit
Alle Formen des offenen Unterrichts, ebenso das Konzept der Werkstattarbeit, eröffnen Freiräume für die SchülerInnen, die jedoch nur dann angemessen und sinnvoll genutzt werden, wenn auch entsprechende Verhaltensregeln vereinbart und eingehalten werden. Empfehlenswert ist die gemeinsame Erarbeitung von Regeln, um Transparenz und Akzeptanz seitens der SchülerInnen zu fördern. In diesem Rahmen sollte auch die Rolle des „Chefs" geklärt werden, damit es hier nicht zu einem Missbrauch der Aufgabe kommt.

Tipps zur Organisation der Werkstattarbeit

Vorschlag für einen Regelkatalog

- Jedes Kind wählt eine Arbeit aus und führt diese zu Ende, bevor es sich einer neuen Aufgabe zuwendet.
- Es kann allein, mit einem Partner oder einer Gruppe gearbeitet werden.
- Der Sitzplatz / Lernort ist frei wählbar.
- Alle benötigten Materialien werden wieder an den ursprünglichen Ort zurückgebracht (Ablagefach).
- Der „Chef" soll bei Problemen freundlich Hilfestellung geben, Arbeiten überprüfen und auf dem Werkstattplan unterzeichnen.

Tipps zur konkreten Einführung der Ritterwerkstatt

Vor dem Start der ersten Werkstatteinheit empfiehlt sich ein gemeinsamer Austausch über das Thema „Ritter", in dem die SchülerInnen über Vorerfahrungen berichten und mitgebrachte Materialien vorstellen können. Auf diese Weise kann eine Motivationsgrundlage geschaffen werden, die auf die Auseinandersetzung mit dem Thema einstimmt.

Zur Vorlaufphase gehört ebenfalls eine allgemeine Einführung in die Werkstattarbeit (siehe Regeln) und die Vorstellung der Inhalte und spezifischen Arbeitsmittel.

Im Rahmen der ersten Werkstatteinheit arbeitet sich der „Chef" zunächst in seinen Aufgabenbereich ein, um kompetenter Ansprechpartner für MitschülerInnen zu werden. Der Lehrkraft kommt an diesem Tag die zentrale Aufgabe zu, alle fertiggestellten „Chefaufgaben" auf ihre Richtigkeit hin zu überprüfen, damit eine korrekte Weitervermittlung gewährleistet ist. Erst wenn dieser Prozess abgeschlossen ist, können in der nächsten Einheit Aufgaben frei ausgewählt und bearbeitet werden. Dann übernimmt der „Chef" die Rolle des Helfers, überprüft und unterzeichnet Fertiggestelltes.

Den Abschluss der ersten Werkstatteinheit bildet eine gemeinsame Reflexionsphase, in der Erfahrungen ausgetauscht und auch etwaige Probleme geklärt werden können. An dieser Stelle erhalten die SchülerInnen ebenfalls Gelegenheit, entstandene Produkte vorzustellen und eine Würdigung ihrer Arbeit zu erfahren.

Anmerkungen zu den Werkbereichen

Zu Werkbereich: Ein Liebesgedicht – Schreiben wie die Ritter
Den SchülerInnen sollte ein faustgroßes Stück Bienenwachsknete, ein Schaschlikstäbchen als „Holzgriffel" und eine Unterlage (z. B. Holzbrett in DIN A4-Größe) zur Verfügung stehen. Zum Ausrollen der Knete bietet sich ein Nudelholz oder eine Flasche an. Die Übersetzungshilfe (siehe Seite 62) sollte an einem vereinbarten Ort (Rückseite der Tafel, Lösungsordner ...) für die SchülerInnen zugänglich sein, damit etwaige Schwierigkeiten selbstständig überwunden werden können.

Zu Werkbereich: Eisen von Rost befreien
Für diese Aufgabe sollten mehrere verrostete Eisenteile vorhanden sein, die beispielsweise bei einem Schrotthändler günstig erworben werden können. Darüber hinaus werden Arbeitshandschuhe und eine Schüssel mit Sand benötigt.

Zu Werkbereich: Wappen als Fensterbilder
Zur Bearbeitung dieses Werkbereiches brauchen die SchülerInnen lediglich Filzstifte (Wachsmalstifte lassen sich ebenfalls verwenden), herkömmliches Pflanzenöl (das zur besseren Handhabung in einem kleinen Schälchen bereitgestellt werden kann), Wattebäusche und die Vorlage von Seite 31.

Zu Werkbereich: Das Kettenhemd als Schutz
Um diese Aufgabe zu erfüllen, benötigen die SchülerInnen einen stabilen, jedoch auch gut verformbaren Draht. Zum Schneiden der Drahtstücke wird eine Schere oder eine Zange gebraucht. Hilfreich ist es, den SchülerInnen nicht nur die theoretische Anleitung für ein Kettenhemd anzubieten, sondern auch ein kleines vorgefertigtes Stück, an dem sie erkennen können, wie die Ringe miteinander verknüpft werden.

Zu Werkbereich: Burgen und ihre Lage
Die Bearbeitung dieses Werkbereiches setzt nicht unbedingt das Studieren verschiedener Ritterbücher voraus, da auch eigene Überlegungen ausreichen, um Gründe für die spezielle Lage von Burgen zu finden. Dennoch ist der Rückgriff auf Bücher informativ und bereichernd.

Zu Werkbereich: Eine Burg bauen
Für diesen Werkbereich benötigen die SchülerInnen Pappe, Schachteln, Papprollen, Tonpapier und Kleber bzw. Klebeband (und evtl. Bücher über die Ritterzeit). Um eine bessere Wirkung zu erzielen, ist es sinnvoll, die Burgen mit Wachsmalern, Wasser- oder Dispersionsfarben farbig zu gestalten. Die Ankündigung einer Burgenausstellung empfiehlt sich, da die SchülerInnen dann sicherlich noch motivierter „bauen".

Anmerkungen zu den Werkbereichen

Zu Werkbereich: Das Lied „Die alten Rittersleut"
Das Dichten weiterer Strophen macht den SchülerInnen sicherlich mehr Freude, wenn sie die Melodie des Liedes kennen und es auch singen können. Insofern ist es ratsam, das Lied zu Beginn der Werkstatt im Klassenverband einzuführen.

Zu Werkbereich: Der Ritter und seine Rüstung
Stellen Sie den Kindern evtl. bereits ausgeschnittene Puzzleteile zur Verfügung.

Zu Werkbereich: Kräuter und Gewürze in der Ritterzeit
Füllen Sie die verschiedenen Kräuter und Gewürze - in getrockneter oder frischer Form - in leere Filmdöschen. Notieren Sie auf Klebepunkten die Anfangsbuchstaben der Kräuter und kleben diese entsprechend auf die Unterseite der Döschen.

Zu Werkbereich: Der Ritterhelm
In diesem Werkbereich soll die Kreativität und Fantasie der SchülerInnen im Vordergrund stehen. Aus diesem Grund gibt es keine explizite Bastelanleitung. Die Helmformen sowie das bereitgestellte Material sind Anregung und Vorlage.
Bereitzustellendes Material: Papiertüten, Kartons, Graupappe, Tonpapier, gebogene Wellpappe, Federn, Stoffreste. Die Materialien können in einer Kiste oder in einem Karton bereitgestellt werden.

Zu Werkbereich: Das Anlegen der Ritterrüstung
Es empfiehlt sich, das Bildmaterial auf festen Karton und die Kontrollbuchstaben (siehe Seite 51) jeweils auf die Rückseite der Karten zu kleben sowie die Karten zur besseren Haltbarkeit zu laminieren.

Zu Werkbereich: Das Gewicht einer Rüstung
Die SchülerInnen sollen in diesem Werkbereich die Erfahrung sammeln, wie viel Gewicht ein Ritter zu tragen hatte und wie schwierig es war, sich mit einer solchen Last zu bewegen. Für diesen Werkbereich, wenn vorhanden, einen Turnbock und einen Stuhl als Aufstiegshilfe im Flur aufstellen. Wenn kein Turnbock zur Verfügung steht, ist auch ein hoher Tisch ausreichend.
Füllen Sie fünf Stofftaschen mit langen Henkeln mit Sand. Verschließen Sie die Taschen an der Öffnung mit Paketklebeband, sodass kein Sand herausrinnen kann. Das Gewicht der einzelnen Taschen beträgt ca. 5 kg.
Die Brustplatte und der Ritterhelm finden sich bestimmt in vielen Karnevalskisten der Kinder.
Zum Wiegen der „Rüstung" ist eine Waage (Personenwaage) bereitzustellen.

Anmerkungen zu den Werkbereichen

Zu Werkbereich: Einen Schild basteln
Wie im Werkbereich „Der Ritterhelm" sollten die Kinder hier möglichst freie Gestaltungswahl haben und nicht durch zu viele Vorgaben eingeschränkt werden. Als Material stellen Sie den Kindern Folgendes zur Verfügung: dünne Holzplatte, auf der der Schild ausgeschnitten werden kann, feste Pappe (alte Kartons bzw. Kisten), Dispersionsfarben, Plastikbecher zum Abfüllen der Farben, bereits angerührten Tapetenkleister, Tageszeitungen, durchsichtig trocknenden Holzleim, Lackierpinsel in verschiedenen Stärken, Stoffreste, Cuttermesser. Um Verletzungen zu vermeiden, sollte der „Chef" in die richtige Handhabung des Cuttermessers eingewiesen werden.

Zu Werkbereich: Tischregeln beim Rittermahl
Als Papier für die Tischordnung sollten DIN A4-Blätter aus Architektenpapier oder Butterbrotpapier zur Verfügung gestellt werden. Des Weiteren werden benötigt: 2 Tintenfässer (Farbe nach Wahl), 2 Schreibfedern (erhältlich in guten Schreibwarenhandlungen), Papier zum Vorschreiben.
Die Tischregeln wurden entnommen aus: Stephan-Kühe, Freya: Ritter, Burgen und Turniere, Ravensburg 1991.

Zu Werkbereich: Ritterrätsel
Das Rätsel sollte in zweifacher Ausführung kopiert und jeweils in eine Klarsichthülle gesteckt werden. Stellen Sie den Kindern hierzu wasserlösliche Folienstifte und ein Tuch zum Abwischen zur Verfügung.

Allgemeine Anmerkungen

Wie bereits erwähnt, bietet es sich an, zu einigen Werkbereichen Lösungsblätter zur Verfügung zu stellen. Einige finden Sie ab Seite 62.

Die Auftragskarten sollten zur besseren Haltbarkeit auf Karton kopiert werden. Damit sie den SchülerInnen optisch stärker auffallen, bieten sich die Farben Gelb bzw. Orange an.

Wenn Sie die Lernwerkstatt durch eigene Werkbereiche ergänzen möchten, können Sie auf die Blankovorlagen (siehe auf den Seiten 11, 25 und 26) zurückgreifen.

Das Blanko-Arbeitsblatt (siehe Seite 25) können Sie zum Beispiel bei den Werkbereichen „Zählen wie die Ritter" und „Das Gewicht einer Rüstung" einsetzen.

Um großen Papierverbrauch zu vermeiden, empfiehlt es sich, die Arbeitsblätter zunächst jeweils ca. fünfmal zu kopieren.

BVK LW04 · Birgit Groß-Ernst / Marion Strelau: Lernwerkstatt „Ritter"

Werkstattplan von

____

Ein Liebesgedicht – Schreiben wie die Ritter		Eisen von Rost befreien	
Ritterliches Benehmen		Wappen als Fensterbilder	
Messen mit dem Körper		Das Kettenhemd als Schutz	
Kindsein auf der Burg		Burgen und ihre Lage	
Zählen wie die Ritter		Das Leben eines jungen Burgfräuleins	
Eine Burg bauen		Aufbau einer Burg	
Das Lied „Die alten Rittersleut'"		Der Ritter und seine Rüstung	
Die Tugenden des Ritters		Kräuter und Gewürze in der Ritterzeit	
Der Ritterhelm		Das Anlegen der Ritterrüstung	
Das Gewicht einer Rüstung		Stundenplan der Pagen und der Knappen	
Einen Schild basteln		Redensarten aus der Ritterzeit	
Tischregeln beim Rittermahl		Die Zeremonie der Schwertleite	
Turnierpuzzle		Ritterrätsel	
Raubritterspruch			

Werkstattplan von

____

Werkbereich:
Ein Liebesgedicht – Schreiben wie die Ritter

Zur Zeit der Ritter haben die Kinder nicht mit Füller und Papier geschrieben. Stattdessen nahmen sie Holztafeln, die mit Wachs überzogen waren und ritzten darauf die Wörter mit einem Griffel ein.

1. Hast du Lust, wie ein Kind der Ritterzeit zu schreiben? Dann rolle die Bienenwachsknete mit dem Nudelholz auf der Unterlage aus. Nimm dir nun den Holzgriffel und ritze das Liebesgedicht in die ausgerollte Knete.

2. Versuche, das Gedicht in unsere heutige Sprache zu übersetzen und auf dem Arbeitsblatt aufzuschreiben. Falls du Schwierigkeiten hast, kannst du in der Übersetzungshilfe nachschauen.

BVK LW04 · Birgit Groß-Ernst / Marion Strelau: Lernwerkstatt „Ritter"

Werkbereich:
Eisen von Rost befreien

Pagen und Knappen hatten verschiedene Aufgaben für ihren Ritter zu erfüllen. Eine ihrer Aufgaben war es, die Rüstung des Ritters von Rost zu befreien. Nimm dir eines der verrosteten Eisenstücke und ziehe die Handschuhe an. Wenn du nun in eine Hand etwas Sand nimmst und damit das Eisen scheuerst, wirst du feststellen, dass sich der Rost löst.

Werkbereich:
Ritterliches Benehmen

Auch ein Ritter sollte damals bestimmte Verhaltensregeln einhalten und das „richtige“ Benehmen zeigen.
Aber leider konnten die meisten Ritter nicht lesen.
Somit hätten sie gut ein Bilderbuch gebrauchen können, das die Regeln in Bildern erklärt. Fertige ein „Benimm-Buch“ für Ritter an.
Suche dir dazu drei Verhaltensregeln aus, zu denen du ein Bild malen möchtest.

Werkbereich:
Wappen als Fensterbilder

Lies den Text „Wappen in der Ritterzeit“, damit du weißt, warum jeder Ritter ein eigenes Wappen hatte.
Wie sollte dein eigenes Wappen aussehen, wenn du Ritter wärst?
Male es mit Filzstiften auf ein weißes Blatt Papier. Achte darauf, dass beim Ausmalen keine weißen Stellen zurückbleiben. Nimm dir danach einen Wattebausch und tupfe ihn vorsichtig in das Öl.
Reibe nun mit dem Wattebausch die Rückseite deines Wappens ein. Lasse das Bild dann auf der Fensterbank trocknen. Später kannst du es ausschneiden und als Fensterbild auf die Scheiben kleben.

BVK LW04 · Birgit Groß-Ernst / Marion Strelau: Lernwerkstatt „Ritter“

Werkbereich: Messen mit dem Körper

Kannst du dir vorstellen, dass die Ritter weder Lineal noch Zollstock kannten?
Trotzdem konnten auch sie schon Längen messen.
Wie sie das machten, erklärt dir der Text „Messen mit dem Körper".
Lies den Text und beantworte dann schriftlich die folgenden Fragen.
Entscheide bei jeder Frage, mit welchem Körperteil du messen möchtest.

1. Wie lang ist dein Füller?
2. Wie lang ist der Tisch, an dem du sitzst?
3. Wie lang ist dein Tischnachbar?
4. Wie lang ist der Weg von deiner Klassentür bis zum Lehrerzimmer?

Werkbereich: Das Kettenhemd als Schutz

Bevor die Rüstung erfunden wurde, trugen die Ritter zu ihrem Schutz nur ein Kettenhemd.
Schaue dir den Text und die Bilder über das Kettenhemd an.
Probiere, ein Stück Kettenhemd herzustellen. Schneide dazu von dem Draht ca. 6 cm lange Stücke ab.
Biege aus den einzelnen Stücken mehrere gleich große Kreise.
Versuche, diese ineinanderzustecken, sodass ein zusammenhängendes Teil entsteht.

BVK LW04 · Birgit Groß-Ernst / Marion Strelau: Lernwerkstatt „Ritter"

Werkbereich:
Kindsein auf der Burg

Lies den Text über Godehard.
Bestimmt wird dir auffallen, dass der Text in der Gegenwartsform geschrieben ist. Die Zeit der Ritter ist jedoch schon lange vorbei.
Schreibe den Text in die Vergangenheitsform um.

BVK LW04 • Birgit Groß-Ernst / Marion Strelau: Lernwerkstatt „Ritter“

Werkbereich:
Burgen und ihre Lage

Burgen wurden absichtlich an einer bestimmten Stelle in der Landschaft erbaut.
Die Lage einer Burg hatte somit gewisse Gründe.
Schaue dir die drei Burgen auf dem Arbeitsblatt an.
Versuche, Begründungen für die besondere Lage jeder Burg zu finden.
Hilfe findest du in den Büchern über die Ritterzeit.

Werkbereich:
Zählen wie die Ritter

Die Ritter benutzten nicht unsere heutigen Zahlen, sondern die der alten Römer. Schaue dir die Regeln zu den römischen Zahlen an und bearbeite dann die Aufgaben auf dem Arbeitsblatt.

Werkbereich:
Das Leben eines jungen Burgfräuleins

Wenn du etwas über das Leben eines adeligen Mädchens im Mittelalter erfahren möchtest, dann lies den Text über Kunigunde.
Schreibe auf, welche Vor- und Nachteile es für dich hätte, ein Burgfräulein zu sein.

BVK LW04 · Birgit Groß-Ernst / Marion Strelau: Lernwerkstatt „Ritter"

Werkbereich:
Eine Burg bauen

Sieh dir die Burgen in den Büchern über die Ritterzeit an.
Bestimmt kannst du dir jetzt gut vorstellen, wie Burgen ausgesehen haben.
Nimm die Materialien, die du brauchst, und baue deine eigene Burg.

BVK LW04 · Birgit Groß-Ernst / Marion Strelau: Lernwerkstatt „Ritter"

Werkbereich:
Aufbau einer Burg

Schaue dir das Bild der Burg genau an. Du kannst verschiedene Gebäude und Teile erkennen.
Sieh dir dann den Grundriss der Burg an und lies dazu die Namen der Gebäude. Trage diese Namen an der richtigen Stelle in das obere Bild ein.

Werkbereich:
Das Lied „Die alten Rittersleut"

Auch in der Ritterzeit ließen sich die Menschen zur Unterhaltung gerne etwas vorsingen. Daher traten Minnesänger auf und sangen ihre Lieder.
Lies das Lied „Die alten Rittersleut".
Dichte zu dem Lied eine weitere Strophe. Schreibe auf ein Blatt.

BVK LW04 • Birgit Groß-Ernst / Marion Strelau: Lernwerkstatt „Ritter"

Werkbereich:
Der Ritter und seine Rüstung

In der Ritterzeit gab es viele Kämpfe, in denen mit spitzen Lanzen und scharfen Schwertern gekämpft wurde.
Als Schutz vor diesen Waffen trug der Ritter eine Rüstung.
Die Rüstung war aus Eisen gemacht und wog fast 30 kg.

Wenn du das Puzzle zusammensetzt und aufklebst, hast du ein Bild von einem Ritter in seiner Rüstung.

Werkbereich:
Die Tugenden des Ritters

In dem Text erfährst du einiges über die ritterlichen Tugenden.
Lies den Text genau und sorgfältig.
Schreibe dann die Tugenden eines Ritters auf das Arbeitsblatt.

BVK LW04 • Birgit Groß-Ernst / Marion Strelau: Lernwerkstatt „Ritter“

Werkbereich:
Kräuter und Gewürze in der Ritterzeit

Viele Kräuter und Gewürze von heute gab es auch schon damals in der Ritterzeit. Versuche, durch Riechen herauszufinden, welche Kräuter oder Gewürze in den Döschen sind.
Ordne sie den Bezeichnungen auf den Karten zu. Hast du richtig gerochen? Schaue unter den Döschen nach, dort steht jeweils der Anfangsbuchstabe der Kräuter.

Werkbereich:
Der Ritterhelm

Im Kampf musste auch der Kopf des Ritters geschützt sein.
Hierfür gab es Helme in verschiedenen Formen.
Auf dem Bild siehst du unterschiedliche Helme. Suche dir einen davon aus und bastle ihn nach. Du kannst dir auch selbst eine Form für einen Helm ausdenken. Alles, was du dazu brauchst, steht in der Kiste für dich bereit.

BVK LW04 • Birgit Groß-Ernst / Marion Strelau: Lernwerkstatt „Ritter“

Werkbereich:
Das Anlegen der Ritterrüstung

Da die Ritterrüstung nicht aus Stoff, sondern aus Eisen war, brauchte ein Ritter stets die Hilfe seines Knappen, um sich seine Rüstung anzuziehen.
Das Anziehen geschah in einer bestimmten Reihenfolge.
Versuche, die Bildkarten richtig zu ordnen.
Ob du die richtige Reihenfolge gefunden hast, kannst du feststellen, indem du die Karten umdrehst.

BVK LW04 • Birgit Groß-Ernst / Marion Strelau: Lernwerkstatt „Ritter“

Werkbereich:
Das Gewicht einer Rüstung

Wie du weißt, wurden die meisten Teile der Ritterrüstung aus Eisen hergestellt. Darum war die Rüstung auch sehr schwer (ungefähr 30 kg).
Gehe auf den Flur und ziehe den Helm und die Brustplatte an.
Nimm nun die Stofftaschen und hänge dir eine davon um den Hals und jeweils eine um deine Schultern.
Nun versuche mit Hilfe deines Partners (Knappe), auf den Turnbock (Pferd) zu steigen. Wenn du wieder abgestiegen bist, wiege bitte deine Stofftaschen.
Wie groß war das Gewicht deiner „Rüstung"?

Werkbereich:
Stundenplan der Pagen und der Knappen

Lies die beiden Texte genau und versuche, einen Stundenplan für den Knappen oder den Pagen zu gestalten.

Werkbereich: Einen Schild basteln

Durch einen Schild konnten die Ritter die Schwertschläge ihres Gegners abwehren.
Stelle deinen eigenen Schild her.
Alles, was du dazu brauchst, findest du in der Kiste.

Werkbereich: Redensarten aus der Ritterzeit

Auf dem Textblatt stehen verschiedene Redensarten der Ritter, die auch heute noch eine Bedeutung haben.
Welche zwei gefallen dir besonders gut?
Male dazu jeweils ein Bild und schreibe daneben, was die Redensarten heute bedeuten.

BVK LW04 • Birgit Groß-Ernst / Marion Strelau: Lernwerkstatt „Ritter"

Werkbereich:
Tischregeln beim Rittermahl

Es gab viele Regeln, an die sich ein Ritter halten musste, um sich ordentlich zu benehmen. Wenn du alle Regeln gelesen hast, versuche, mit der Feder und dem Tintenfass eine Tischordnung zu schreiben.
Du darfst das Blatt auch verzieren.
Das Schreiben mit einer Feder ist nicht leicht! Übe bitte vorher auf einem einfachen Blatt, bevor du das gute Papier nimmst!

Werkbereich:
Die Zeremonie der Schwertleite

Hier stimmt etwas nicht! Der Text ist ganz durcheinander.
Versuche, die richtige Reihenfolge der Sätze herauszufinden und schreibe den Text richtig auf ein Blatt. Gib den einzelnen Schritten Nummern.
Wenn du fertig bist, prüfe mit Hilfe des Lösungsblattes, ob dein Text richtig ist.

Werkbereich:
Turnierpuzzle

Schneide das Puzzle auseinander und klebe es richtig auf ein Blatt auf.
Nun lies den Text.
Welche Turnierart siehst du auf deinem Puzzle? Schreibe sie darüber.

BVK LW04 • Birgit Groß-Ernst / Marion Strelau: Lernwerkstatt „Ritter"

Werkbereich:
Ritterrätsel

Löse das Rätsel.
Die Buchstaben in den grauen Steinen verraten, wenn du sie von oben nach unten liest, eine Ritterwaffe. Benutze bitte die Folienstifte und wische die Folie mit dem Lappen sauber, wenn du das Rätsel richtig gelöst hast.
Nenne dem Chef das Lösungswort.

Werkbereich: Raubritterspruch

Versuche, die Silben in der Burgmauer richtig miteinander zu verbinden.
Schreibe den Wahlspruch der Raubritter auf das Arbeitsblatt.

Werkbereich:

BVK LW04 · Birgit Groß-Ernst / Marion Strelau: Lernwerkstatt „Ritter"

Arbeitsblatt zu Werkbereich:

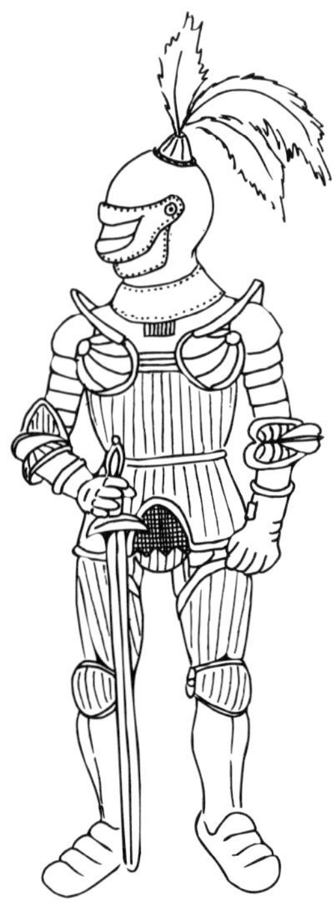

Arbeitsblatt zu Werkbereich:
Ein Liebesgedicht – Schreiben wie die Ritter

Du bist min, ich bin din:
des solst du gewis sin.
du bist beslozzen
in minem herzen:
verlorn ist daz slüzzelin:
du muost immer drinne sin.

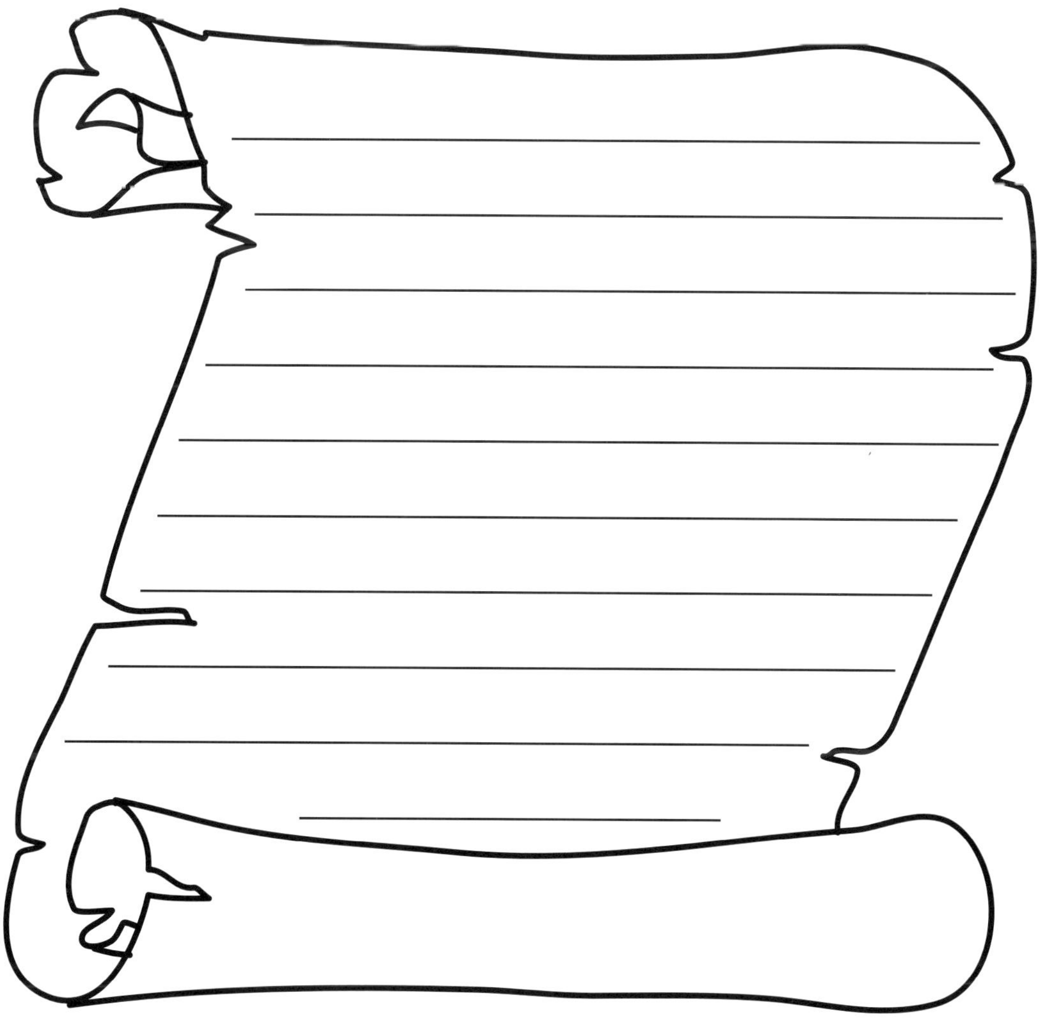

BVK LW04 · Birgit Groß-Ernst / Marion Strelau: Lernwerkstatt „Ritter“

Arbeitsblatt zu Werkbereich:
Ritterliches Benehmen

Verhaltensregeln für Ritter:

Ein Ritter sollte ...

- die Bösen verfolgen.
- großen Mut zeigen.
- sein Versprechen einhalten.
- den Wehrlosen helfen.
- Witwen und Waisen beschützen.
- nicht verschwenderisch mit seinem Besitz umgehen.
- Frauen höflich und freundlich behandeln.
- nicht geizig sein.

BVK LW04 · Birgit Groß-Ernst / Marion Strelau: Lernwerkstatt „Ritter"

Arbeitsblatt zu Werkbereich:
Ritterliches Benehmen

Regel 1: ______________________________

Regel 2: ______________________________

Regel 3: ______________________________

Arbeitsblatt zu Werkbereich: Wappen als Fensterbilder (1)

Wappen in der Ritterzeit

Wenn die Ritter ihre Rüstungen trugen, sahen sie sich alle sehr ähnlich. Um sich gegenseitig erkennen zu können, brauchten sie ein Zeichen. Dieses Zeichen wurde Wappen genannt und war auf dem Schild des Ritters zu sehen.
Wappen bestanden aus einem oder mehreren Bildern. Häufige Bilder waren beispielsweise Löwen, Drachen, Bäume oder Greifvögel. Jedes Bild hatte eine Bedeutung und sollte anderen etwas sagen. Ein Löwe sollte Mut ausdrücken, ein Bär Kraft und ein Greifvogel Schnelligkeit.
Die Wappen waren in den Farben Rot, Blau, Grün, Schwarz und Gelb gemalt. Später benutzte man auch Gold und Silber.
Durch eine Heirat entstand oft aus zwei Wappen ein neues. Man teilte die Wappen diagonal, senkrecht oder waagerecht und setzte sie wieder zu einem Ganzen zusammen.

Arbeitsblatt zu Werkbereich:
Wappen als Fensterbilder (2)

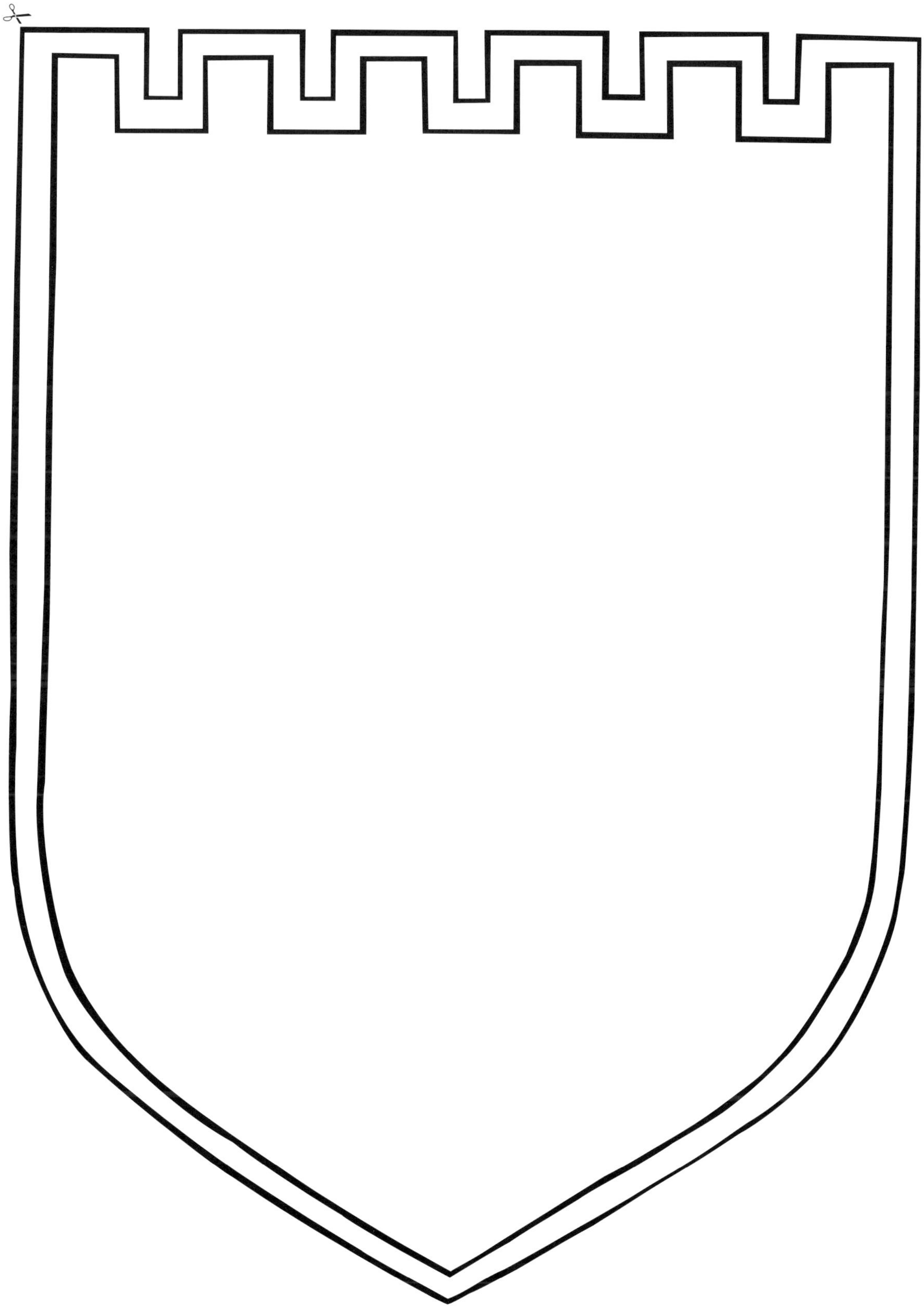

BVK LW04 • Birgit Groß-Ernst / Marion Strelau: Lernwerkstatt „Ritter“

Arbeitsblatt zu Werkbereich: Messen mit dem Körper

Messen mit dem Körper
Die Einheit „Meter" kannte man zur Zeit der Ritter noch nicht. Auch waren Messwerkzeuge wie Lineal, Zollstock und Metermaß noch nicht erfunden. Wollte man etwas messen, so benutzte man den eigenen Körper, z. B.:

den Fuß

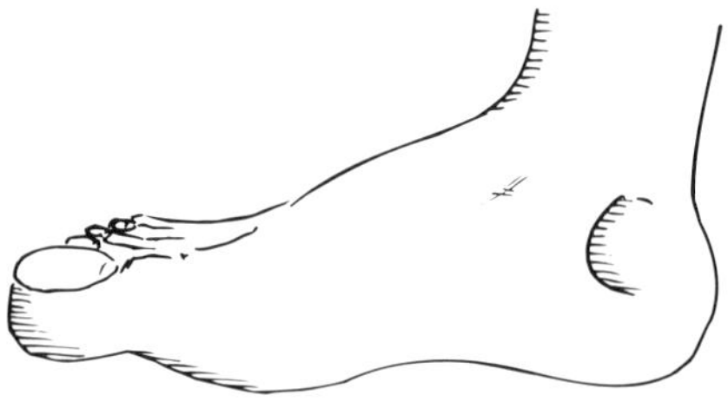

die Elle (Unterarmknochen, vom Ellenbogen bis zum Ende des kleinen Fingers)

die Spanne (die Strecke, die sich ergibt, wenn man Daumen und Zeigefinger spreizt)

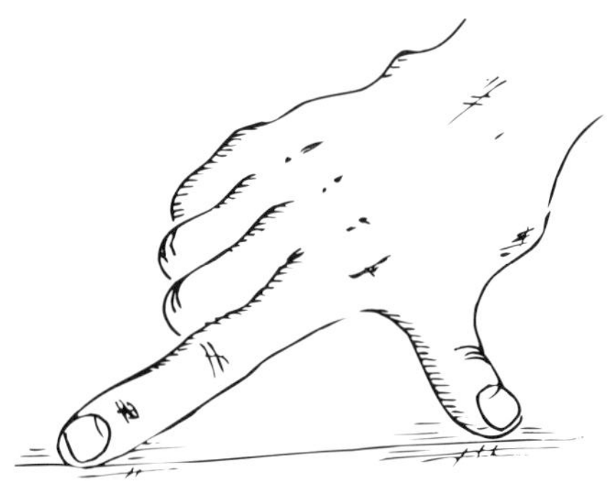

den Finger

Arbeitsblatt zu Werkbereich: Das Kettenhemd als Schutz

Das Kettenhemd

Die ersten Ritter schützten sich im Kampf mit einem Kettenhemd. Es bestand aus vielen Eisenringen, die miteinander verbunden waren. Ein Kettenhemd war sehr teuer, weil es nicht einfach herzustellen war. Es hatte vorne und hinten einen Schlitz, damit man auf das Pferd steigen konnte. Die Beine steckten in langen Strümpfen aus Leder (Gamaschen) oder auch aus Eisenringen.

So sah ein Ritter mit Kettenhemd aus:

Hier unten kannst du Teile eines Kettenhemdes von nahem sehen. Jeder Ring ist mit fünf anderen verbunden. Das ganze Kettenhemd wog ungefähr 9 bis 14 Kilogramm. Vor sehr heftigen Schlägen konnte das Kettenhemd jedoch auch nicht ausreichend schützen. Dann kam es doch zu Knochenbrüchen oder Quetschungen. Daher wurde auch bald die Rüstung erfunden, um den Ritter besser zu schützen.

Arbeitsblatt zu Werkbereich: Kindsein auf der Burg

Kindsein auf der Burg

Im Burghof herrscht ein buntes Treiben. Godehard spielt mit seinen Geschwistern Blindekuh. Mit verbundenen Augen steht er in der Mitte und versucht, die anderen Kinder zu erwischen, die lachend vor ihm davonlaufen. Blindekuh ist ein Spiel, das nicht nur die Kinder, sondern auch die Erwachsenen gerne spielen. Langweilig wird es Godehard und seinen Geschwistern nie. An sonnigen Tagen lassen sie ihre Kreisel tanzen oder spielen mit dem Ball. Das ist eine Lederkugel, die mit Wolle und Federn gefüllt ist. Gerne reitet Godehard auch auf seinem Steckenpferd und spielt mit den anderen Jungen Turnier. Für die Mädchen gibt es Puppen aus Stoff und Holz.

Leider geht der Sommer viel zu schnell vorbei. Die kalte Jahreszeit beginnt und Godehard sitzt abends meistens fest in eine Felldecke gehüllt am Kamin. Mit großen Ohren hört er den Geschichten der Erwachsenen zu, die oft von Helden, Abenteuern und Schlachten handeln. Dann vergisst er fast die Kälte, die durch alle Ritzen der Burg dringt.
Im Winter zieht Godehard über sein Leinenkleid einen Mantel aus grobem Wollstoff an. Seine Füße stecken in dicken Fellschuhen und darüber trägt er noch Holzschuhe. Alle, Kinder und Erwachsene, freuen sich nach der kalten Winterzeit auf den Frühling.

BVK LW04 · Birgit Groß-Ernst / Marion Strelau: Lernwerkstatt „Ritter"

Arbeitsblatt zu Werkbereich: Kindsein auf der Burg

Arbeitsblatt zu Werkbereich: Burgen und ihre Lage

Die Höhenburg

Die Hangburg

Die Wasserburg

Arbeitsblatt zu Werkbereich: Zählen wie die Ritter

Regeln zu den römischen Zahlen

Bis vor etwa 500 Jahren wurden die römischen Zahlzeichen benutzt: I, II, III ... Dann wurden sie durch die arabischen Ziffern 0, 1, 2, 3 ... ersetzt. Wenn du die Regeln liest, denkst du bestimmt: ganz schön kompliziert! Hast du sie jedoch mehrfach gelesen, ist es gar nicht mehr so schwer.

Es gibt sieben verschiedene Zahlzeichen.

I	V	X	L	C	D	M
1	5	10	50	100	500	1000

- Die Zahlen werden von links nach rechts gelesen.
- **Gleiche Zahlen** werden **addiert.**
  Beispiel: III = 1 + 1 + 1 = 3 oder XX = 10 + 10 = 20
- **Links** von einem **größeren** Zahlzeichen kann ein **kleineres** Zahlzeichen stehen. Es wird dann **subtrahiert.**
  Beispiel: IV = 5 - 1 = 4 oder IX = 10 - 1 = 9
  Allerdings darf I nur vor V oder X, X nur vor L oder C, C nur vor D oder M stehen.
- **Rechts** von einem **größeren** Zahlzeichen kann ein **kleineres** Zahlzeichen stehen. Es wird dann **addiert**.
  Beispiel: VI = 5 + 1 = 6 oder XI = 10 + 1 = 11
- Es dürfen höchstens **drei gleiche** Zahlen nebeneinanderstehen.
  Beispiel: VIII = 8 oder XXX = 30
- Die Zeichen V, L, D kommen in einer Zahl **nur einmal** vor.

1. Versuche, die folgenden Zahlen in unsere heutigen Zahlzeichen zu übersetzen:

XII = ______		LXI = ______	
IV = ______		XXIV = ______	
XIV = ______		LXXXII = ______	
MMI = ______			

2. Schreibe dein Geburtsjahr in römischen Zahlen auf:

3. Denke dir selbst fünf weitere Zahlen aus und schreibe sie hier auf:

____

Arbeitsblatt zu Werkbereich: Das Leben eines jungen Burgfräuleins (1)

Das Leben von Kunigunde

Auf Burg Hohenfels wurde Kunigunde geboren. Sie hatte Glück gehabt und alle gefährlichen Krankheiten überlebt. Zwei ihrer Geschwister waren an Darmerkrankungen gestorben. Solche Krankheiten wurden oft durch schlechtes Trinkwasser oder Unsauberkeit verursacht. Auch gab es noch nicht so gute Medizin, die den kranken Kindern hätte helfen können. Viele Kinder lernten damals nicht Schreiben und Lesen. Kunigunde war jedoch eine Ausnahme und wurde jeden Tag vom Kaplan unterrichtet. Sie lernte, gerade Buchstaben auf kleine Wachstafeln zu schreiben.

Da sie einmal Burgherrin werden sollte, musste sie aber noch viele andere Dinge lernen:

Sie sollte in der Küche Bescheid wissen, um später als Herrin den Mägden sagen zu können, was sie zu kochen hätten. Auch musste sie viele Stunden üben, schön zu sticken und zu nähen. Außerdem sollte sie sich mit Heilmitteln auskennen, um später ihren Kindern und ihrem Mann bei Krankheiten helfen zu können.

Oft wurden Mädchen – wie auch viele Jungen – zur Ausbildung an einen größeren Fürstenhof geschickt. Die Mädchen lernten dort züchtiges Benehmen. Das hieß, nicht laut zu reden und zu lachen. Als Mädchen sollte man den Blick immer gesenkt halten, keinen Mann direkt angucken oder ihn von sich aus ansprechen. Außerdem gehörte es sich nicht, in großen Schritten zu gehen. Mit 15 Jahren würde Kunigunde ihre Eltern verlassen und bei der Familie ihres Bräutigams auf einer neuen Burg leben.

Arbeitsblatt zu Werkbereich:
Das Leben eines jungen Burgfräuleins (2)

Vorteile	Nachteile

BVK LW04 · Birgit Groß-Ernst / Marion Strelau: Lernwerkstatt „Ritter"

Arbeitsblatt zu Werkbereich: Aufbau einer Burg

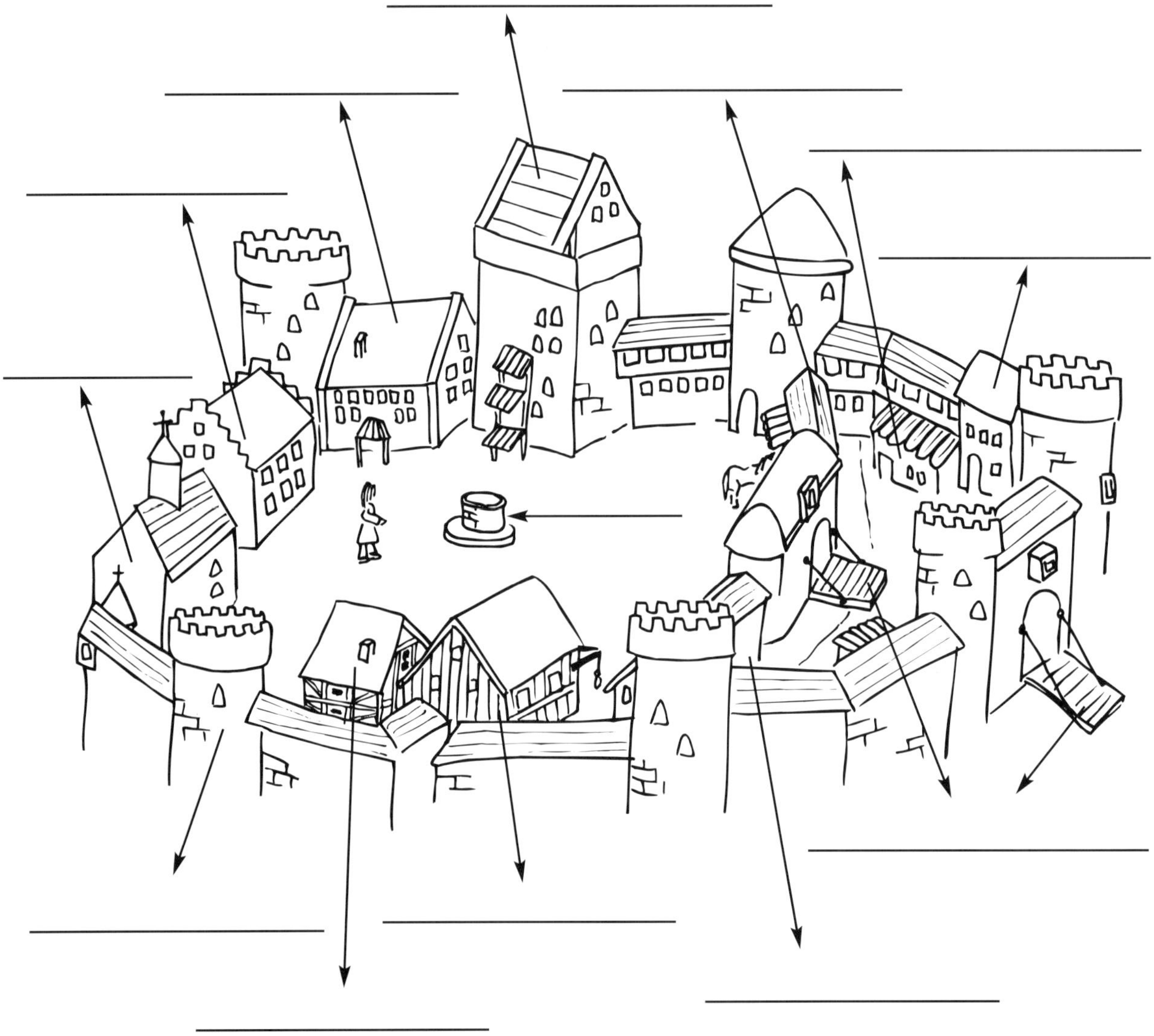

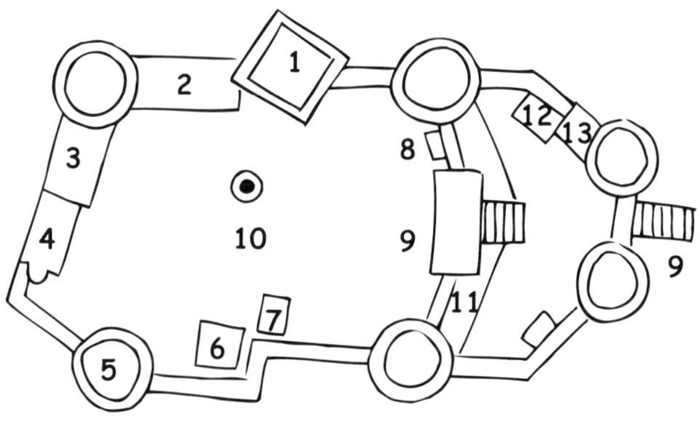

1 - Bergfried
2 - Herrenhaus mit Rittersaal
3 - Kemenate
4 - Kapelle
5 - Wehrturm
6 - Gesindehaus
7 - Vorratshaus
8 - Schmiede
9 - Tortürme mit Zugbrücke
10 - Brunnen
11 - Stall
12 - Wachraum
13 - Scheune

BVK LW04 · Birgit Groß-Ernst / Marion Strelau: Lernwerkstatt „Ritter“

Arbeitsblatt zu Werkbereich:
Das Lied „Die alten Rittersleut“

Die alten Rittersleut

1 In Grünwald im Isartal,
glauben Sie's mir, des war amol,
do ham edle Ritter g'haust,
dene hat's vor gor nix graust.

Kehrreim: Ja, so warns, ja, so warns, ja so
warns, die alt'n Rittersleut. Ja, so warns, ja,
so warns, die alt'n Rit-ters-leut.

2 G'suffa hams, und des nit wia,
aus die Eimer Wein und Bier;
hams dann alles g'suffa g'habt,
dann sans untermTisch drunt g'flaggt.

3 So ein früh'rer Rittersmann
hatte sehr viel Eisen an;
die meisten Ritter, i muss scho sogn,
hat deswegen der Blitz derschlogn.

4 Ritt ein Ritter auf ein Ross,
war das Risiko sehr groß;
hat sein Ross an Hupferer do,
lag im Dreck der gute Mo.

5 Hatt' ein Ritter den Katarrh,
damals warn die Mittel rar,
er hat der Erkältung trotzt,
hat sich g'räuspert, g'schneuzt und g'rotzt.

6 So ein früh'res Ritterweib
war ihrem Ritter niemals trei;
dem Ritter war des einerlei,
er war ja a nur halbe trei.

7 Magistrate, wie bekannt,
gab es nicht im Ritterland;
wollte einer etwas hob'n,
lauert er im Stroß'ngrab'n.

BVK LW04 • Birgit Groß-Ernst / Marion Strelau: Lernwerkstatt „Ritter“

Arbeitsblatt zu Werkbereich:
Der Ritter und seine Rüstung

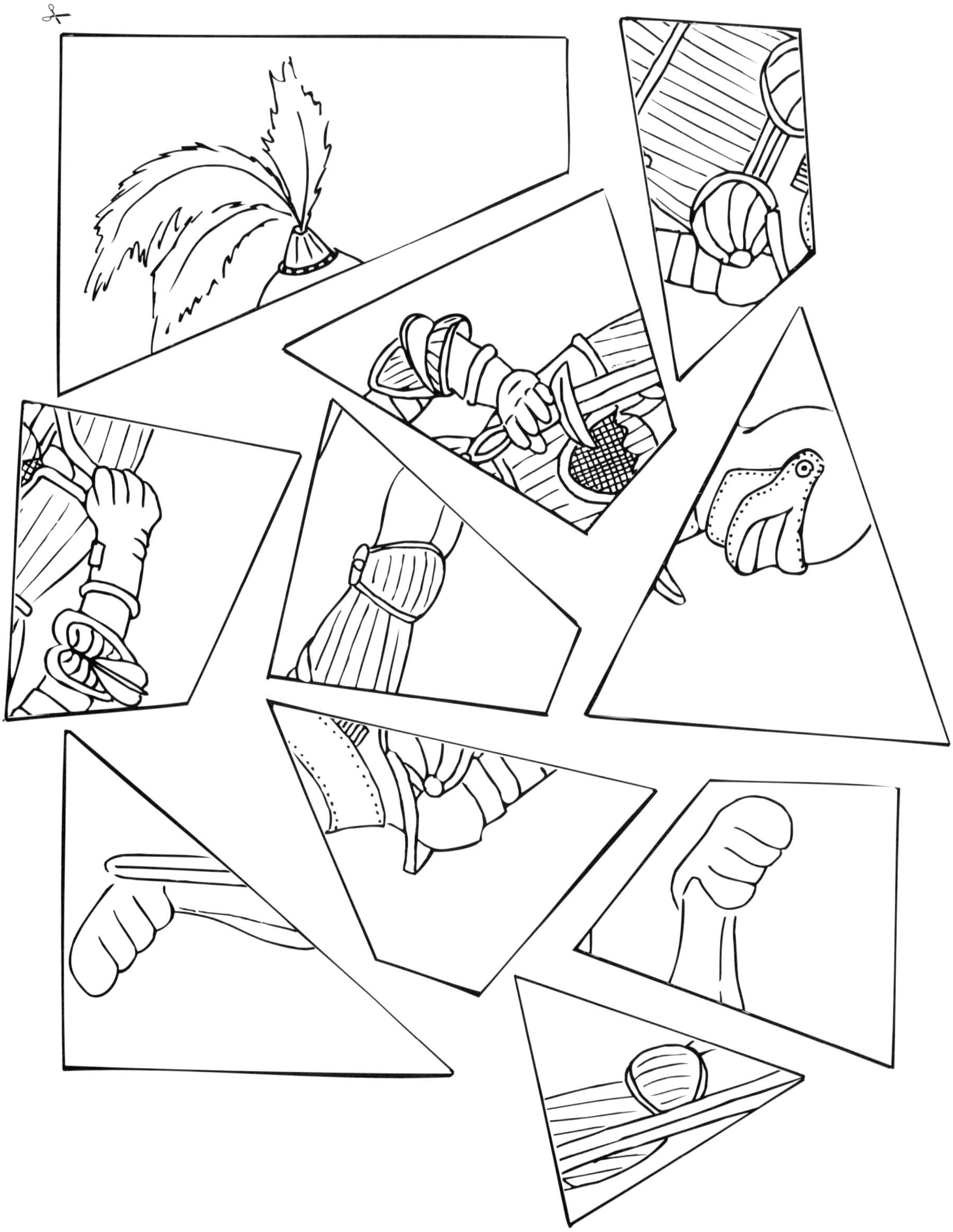

Arbeitsblatt zu Werkbereich: Die Tugenden des Ritters

Die Tugenden des Ritters

Ungefähr im 13. Jahrhundert gewann der Ritter großes Ansehen in der mittelalterlichen Gesellschaft. Bischöfe, Mönche und adelige Frauen machten den Ritter zu einer Idealfigur, der bei allen Kämpfen sein edles und gesittetes Verhalten und gute Manieren zeigte. Seine Tugenden und Heldentaten wurden in vielen Romanen beschrieben.

Der Ritter wurde in ganz Europa verehrt und verherrlicht. Ritter waren meist Adelige. Aber nicht jeder Adelige war von vorneherein ein Ritter. Dieser Titel wurde durch den so genannten Ritterschlag erst verliehen, wenn ein Mann sich außerordentlich gut verhalten hatte (z. B. besonders mutig im Kampf gegen Feinde war). Auch ein König musste erst zum Ritter geschlagen werden, bevor er richtiger König wurde. Heute noch ist es ein Kompliment, wenn das Verhalten eines Mannes als ritterlich bezeichnet wird.

Damals gab es besondere Regeln, wie sich ein Ritter verhalten sollte, so genannte Tugenden. Ein Ritter musste sich z. B. immer an sein Wort halten, er sollte Menschen helfen, die sich nicht wehren konnten, und er musste großzügig sein. Seine Pflichten bestanden auch darin, dass er den christlichen Glauben und die Lehren der Kirche achtete und verteidigte, wenn es notwendig war. So musste er alle Menschen, die nicht an die Kirche glaubten und Unfrieden stifteten, bekämpfen. Er ging zur Messe und fastete am Freitag. Mit seinem Schwert sollte der Ritter die Waisen, Witwen, Schwachen und Armen verteidigen und schützen. Menschen, die Unrechtes taten, hatte ein Ritter zu verfolgen. Beim Kampf mit seinem Gegner oder Feind durfte er diesen nicht töten, wenn dieser unbewaffnet war. Der Ritter musste Menschen, die in Not waren, stets helfend zur Seite stehen.

Tugenden:

BVK LW04 • Birgit Groß-Ernst / Marion Strelau: Lernwerkstatt „Ritter"

Arbeitsblatt zu Werkbereich:
Kräuter und Gewürze in der Ritterzeit

Minze

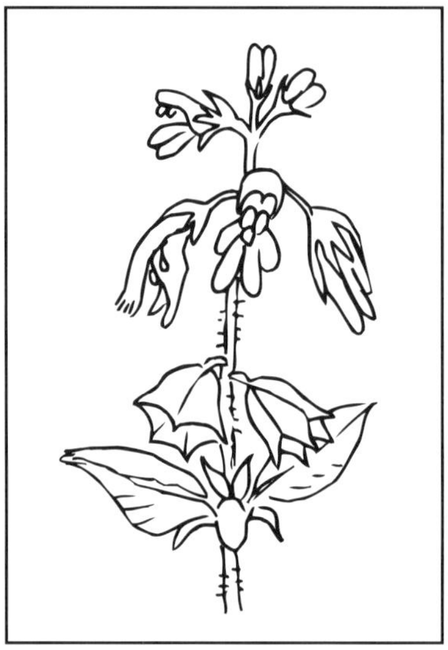

Salbei

Thymian

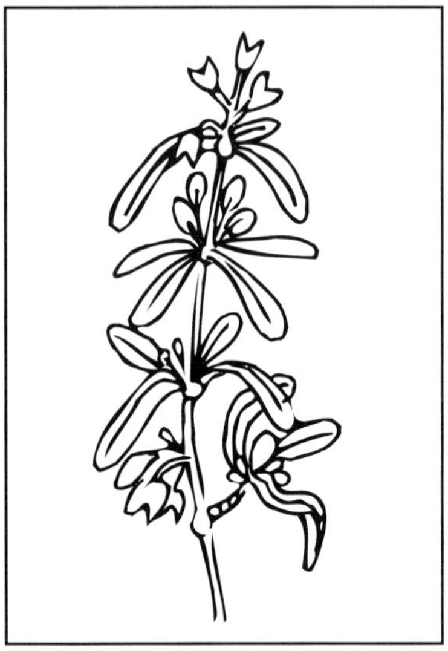

Rosmarin

Anis

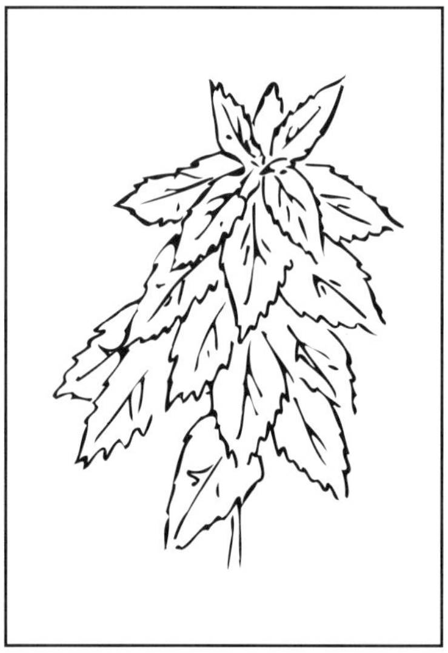

Melisse

BVK LW04 · Birgit Groß-Ernst / Marion Strelau: Lernwerkstatt „Ritter"

Arbeitsblatt zu Werkbereich:
Der Ritterhelm

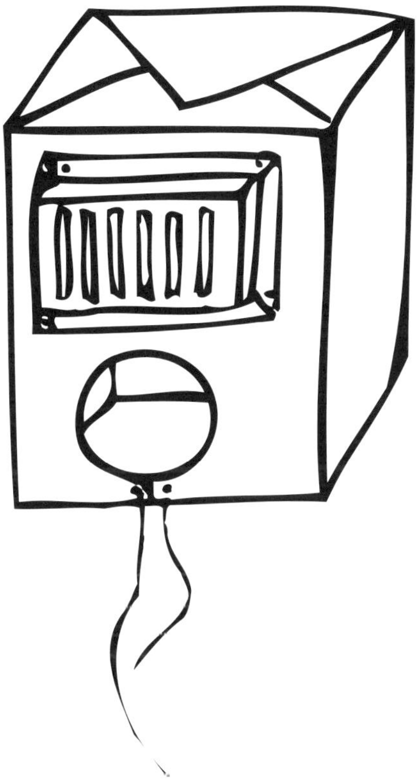

BVK LW04 · Birgit Groß-Ernst / Marion Strelau: Lernwerkstatt „Ritter"

Arbeitsblatt zu Werkbereich:
Das Anlegen der Ritterrüstung (1)

1

Um Rüstungsteile befestigen zu können, musste der Ritter einen Leibrock tragen. An diesen wurde in Pech getränktes Hanfgarn (Pechdraht) befestigt, hieran konnten nun die einzelnen Rüstungsteile angebunden werden.

2

Das Beinzeug bestand aus einem Eisenschuh, der Beinröhre, der Kniekachel und dem Diechling.

BVK LW04 • Birgit Groß-Ernst / Marion Strelau: Lernwerkstatt „Ritter"

Arbeitsblatt zu Werkbereich: Das Anlegen der Ritterrüstung (2)

3

Ein um die Taille gelegter Kettenpanzer war der so genannte Lendenschurz, der die Leistengegend schützte.

4

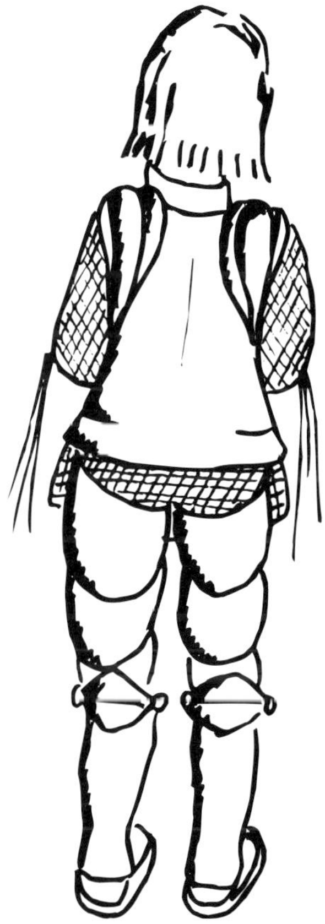

Die Rückenplatte schützte den Rücken. Sie war am unteren Ende gewölbt, damit Po und Beine nicht verletzt wurden. An der vorderen Unterkante waren Riemen und Schnallen mit Nieten befestigt.

BVK LW04 · Birgit Groß-Ernst / Marion Strelau: Lernwerkstatt „Ritter"

Arbeitsblatt zu Werkbereich: Das Anlegen der Ritterrüstung (3)

6

Der Brustpanzer oder Kürass, Schutz der Brust und des Bauches, wurde durch einen Taillengurt und Schulterriemen mit der Rückenplatte verbunden.

7

Auch die Arme brauchten ihren Schutz. Das Armzeug bestand aus Oberarmröhre und Ellbogenkachel, die mit dem Pechdraht am Leibrock (Wams) befestigt wurden.
Durch Achsel- und Schwebescheibe wurden die Schultern und die Achselhöhlen geschützt.

BVK LW04 • Birgit Groß-Ernst / Marion Strelau: Lernwerkstatt „Ritter"

Arbeitsblatt zu Werkbereich:
Das Anlegen der Ritterrüstung (4)

7

Durch Riemen an dem Schwert-gehenk war das Schwert stets griffbereit.

8

Auch die untere Gesichtshälfte des Ritters musste geschützt werden. Für diesen Schutz sorgte der Schallernbart.

Arbeitsblatt zu Werkbereich:
Das Anlegen der Ritterrüstung (5)

9

Der Helm wurde aufgesetzt, und damit er nicht drückte, war er innen gepolstert.
Diese Polsterung dämpfte auch harte Schläge.

10

Zum Schluss bekam der Ritter den Streitkolben in die Hand und konnte nun, von Kopf bis Fuß gerüstet, auf sein Pferd steigen.

Arbeitsblatt zu Werkbereich: Das Anlegen der Ritterrüstung (6)

Lösung: **RITTERRÜSTUNG**

Bild 1	R	**Bild 2**	I
Bild 3	TT	**Bild 4**	ER
Bild 5	R	**Bild 6**	Ü
Bild 7	ST	**Bild 8**	U
Bild 9	N	**Bild 10**	G

Arbeitsblatt zu Werkbereich: Stundenplan der Pagen und der Knappen (1)

Der Page

Nicht jeder Junge konnte Ritter werden. Eine wichtige Voraussetzung dafür war, dass in seiner Familie schon der Vater und der Großvater Ritter waren. Erst dann durfte ein Junge in die Lehre gehen, um zum Ritter ausgebildet zu werden. Waren diese Bedingungen erfüllt, wurde ein Junge schon mit sieben Jahren von seinen Eltern an den Hof eines angesehenen Ritters geschickt, um dort zu lernen, was ein Ritter wissen und tun muss. An diesem Hof gab es viele Aufgaben für den Pagen: in der Küche mithelfen, den Hof und den Stall sauber halten, höfliches Benehmen lernen, Französisch sprechen lernen, Schach spielen können, Tanzen, Musik machen.

Der Knappe

Im Alter zwischen 12 und 14 Jahren wurde aus dem Pagen der Knappe. Nun begann ein neuer Abschnitt seiner Ausbildung. Er musste nun sehr viele Dinge trainieren: mit verschiedenen Waffen kämpfen, Jagen, Schwimmen, Klettern, Springen, Laufen und Reiten. Neben dem Training musste er aber auch noch neue Lektionen in gutem Benehmen lernen. Der Knappe begleitete seinen Ritter in das Turnier oder den Kampf. Solange der Ritter seinen Helm, seine Lanze und sein Schwert nicht brauchte, trug der Knappe diese Dinge.
Für das Anlegen der Rüstung war der Knappe ebenso zuständig. Auch half er seinem Herrn in den Sattel und hielt immer Pferd und Rüstung für ihn bereit.

Arbeitsblatt zu Werkbereich:
Stundenplan der Pagen und der Knappen (2)

Uhrzeit	Tätigkeiten des Pagen
7.00 Uhr	
8.00 Uhr	
10.00 Uhr	
11.00 Uhr	
13.00 Uhr	
15.00 Uhr	
17.00 Uhr	

Uhrzeit	Tätigkeiten des Knappen
7.00 Uhr	
8.00 Uhr	
10.00 Uhr	
11.00 Uhr	
13.00 Uhr	
15.00 Uhr	
17.00 Uhr	

Arbeitsblatt zu Werkbereich: Einen Schild basteln

Zeichne zuerst die Form deines Schildes auf der Pappe auf. Lege die Pappe auf die Holzplatte und schneide mit dem Cuttermesser den Schild ganz vorsichtig heraus. Achtung! Das Messer ist sehr scharf! Wenn du noch nicht mit einem Cuttermesser gearbeitet hast, frage den Chef (oder den Lehrer), damit er dir zeigt, wie du damit umgehen musst! Nun bohrst du vier Löcher in deinen Schild und ziehst durch jeweils zwei Löcher einen Stoffstreifen hindurch, den du auf der Rückseite verknotest.

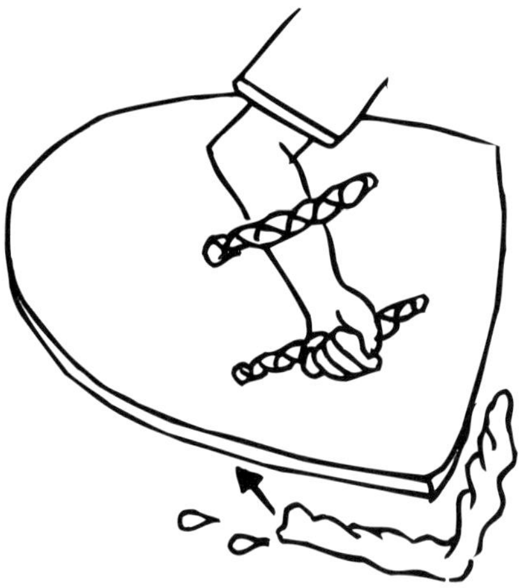

Vorne auf deinen Schild modellierst du nun mit Zeitungspapier und Kleister dein Wappen. Wenn der Kleister getrocknet ist, malst du deinen Schild an. Nach dem Trocknen der Farbe streichst du den Holzleim mit einem sauberen Pinsel über deinen Schild. Achte bitte darauf, dass du deine Pinsel sauber machst, wenn du fertig bist.

BVK LW04 • Birgit Groß-Ernst / Marion Strelau: Lernwerkstatt „Ritter“

Arbeitsblatt zu Werkbereich: Redensarten aus der Ritterzeit

- Jemand ist gut gerüstet
- Für jemanden die Lanze brechen
- Jemand setzt sich auf ein hohes Ross
- Jemanden im Visier haben
- Jemand führt etwas im Schilde
- Jemandem unter die Arme greifen
- Jemand sitzt fest im Sattel

Arbeitsblatt zu Werkbereich: Tischregeln beim Rittermahl

Kein wohlerzogener Mann legt sich auf den Tisch, noch lehnt er sich weit zurück. Stützt euch auch nicht auf eure Ellbogen, sondern sitzt aufrecht.

Wer mit dem Löffel seine Speise nicht aufnehmen kann, der schiebe sie nicht mit dem Finger darauf.

Es gehört sich nicht, sich beim Essen mit der bloßen Hand zu kratzen. Nehmt dafür einen Teil eures Gewandes, damit die Hand nicht schmutzig wird.

Beim Essen in die Hand zu schnupfen oder ins Tischtuch zu schneuzen, ist nicht die feine Art.

Ungezogen ist es, ein angebissenes Stück Fleisch oder einen abgenagten Knochen wieder in die Schüssel zurückzulegen.

Wer sich über die Schüssel beugt und mit dem Mund ebenso laut schmatzt wie ein Schwein, der soll beim Vieh essen.

Wer mit ungewaschenen Händen zu Tisch kommt, dem mögen die Finger lahm werden.

Nur ein Tölpel fährt mit dem angebissenen Brotstück wieder in die Schüssel.

Es soll Leute geben, die sind so gefräßig, dass sie nicht mehr auf den Mund achten und sich in die eigene Hand beißen.

Wer sich Salz oder Senf nehmen will, soll das nicht mit den Fingern tun. Niemand soll dem anderen Salz mit den bloßen Fingern reichen.

Kein Edelmann soll mit dem anderen von einem Löffel essen.

Trinkt nicht mit vollem Munde! Ihr sollt auch nicht in den Trunk blasen. Manche stecken auch den Mund zu tief in den Becher. Höfisch ist, sich vor dem Trinken den Mund abzuwischen.

BVK LW04 • Birgit Groß-Ernst / Marion Strelau: Lernwerkstatt „Ritter"

Arbeitsblatt zu Werkbereich: Die Zeremonie der Schwertleite

Die Zeremonie der Schwertleite

Hatte ein Knappe sich in seiner Lehre bewährt, so wurde er meistens mit 21 Jahren zum Ritter ernannt. Diese Ernennung fand mit einem Fest statt, das ganz bestimmte Regeln und einen fest vorgeschriebenen Ablauf hatte:

Die Knappen und die Ritter zogen gemeinsam zum Abschluss zur Kirche.

In der Nacht vor dem großen Tag betete der Knappe kniend vor dem Altar.

Mit dieser besonderen Kleidung wurde der Knappe in den Festsaal geführt. Hier bekam er von dem angesehensten Ritter seine Waffen und Sporen überreicht.

Das Fest begann am Vortag mit dem Abwaschen der Sünden. Hierzu wurde der Knappe gebadet und anschließend auf ein weißes Bettlaken gelegt.

In der Kirche wurde das Schwert des neuen Ritters von dem Priester gesegnet.

Nach dem Bad ging der Knappe in einem langen, dunklen Mantel zur Kirche. Die Kapuze des Mantels war so groß, dass das Gesicht des Knappen nicht zu sehen war.

Nachdem er die ganze Nacht gebetet hatte, zog sich der Knappe am nächsten Morgen ein rotes Gewand (Erinnerung daran, dass er sein Blut für die Kirche vergießen muss), schwarze Strümpfe (als Erinnerung an den Tod) und einen weißen Gürtel (Symbol für die Reinheit seines Körpers) an.

Arbeitsblatt zu Werkbereich: Turnierpuzzle (1)

Die Ritterzeit war berühmt für ihre Turniere. In den Turnieren, die Wettstreite waren, hatten die Ritter die Möglichkeit, ihr Können und ihre Stärke mit anderen Rittern zu vergleichen. Die Teilnahme an solchen Turnieren machte den Rittern Spaß und war zugleich eine große Ehre für sie. Die Gewinner eines Turniers erhielten von den Verlierern Pferde, Rüstungen und Lösegeld. Durch die Teilnahme an einem Turnier konnte man auf der einen Seite zu großem Ruhm gelangen, auf der anderen Seite aber auch viel Geld verlieren.

Es gab drei verschiedene Turnierarten:

Der Tjost
Zwei Ritter kämpften gegeneinander mit Lanzenstechen. Sie ritten mit ausgestreckten Lanzen aufeinander zu und versuchten, den Gegner vom Pferd zu stoßen. Stürzten beide gleichzeitig vom Pferd, ging der Kampf auf dem Boden weiter. Nun wurde mit dem Schwert gekämpft.

Der Turnei
Hier kämpften zwei kleine Gruppen gegeneinander. Die Waffen waren stumpfe Lanzen. Der Kampf fand auf einem kleinen Turnierfeld statt. Die Mannschaft, die die meisten Gegner vom Pferd geworfen hatte, war Sieger. Auch in diesem Mannschaftskampf wurde Mann gegen Mann gekämpft.

Der Buhurt
Ein Kampf, in dem große Heerhaufen (mit gleicher Ritteranzahl) gegeneinander kämpften. Auf Grund der großen Teilnehmerzahl fand der Kampf auf Lichtungen, Wiesen und in Wäldern statt. Die Ritter kämpften mit stumpfen Waffen.

BVK LW04 · Birgit Groß-Ernst / Marion Strelau: Lernwerkstatt „Ritter"

Arbeitsblatt zu Werkbereich:
Turnierpuzzle (2)

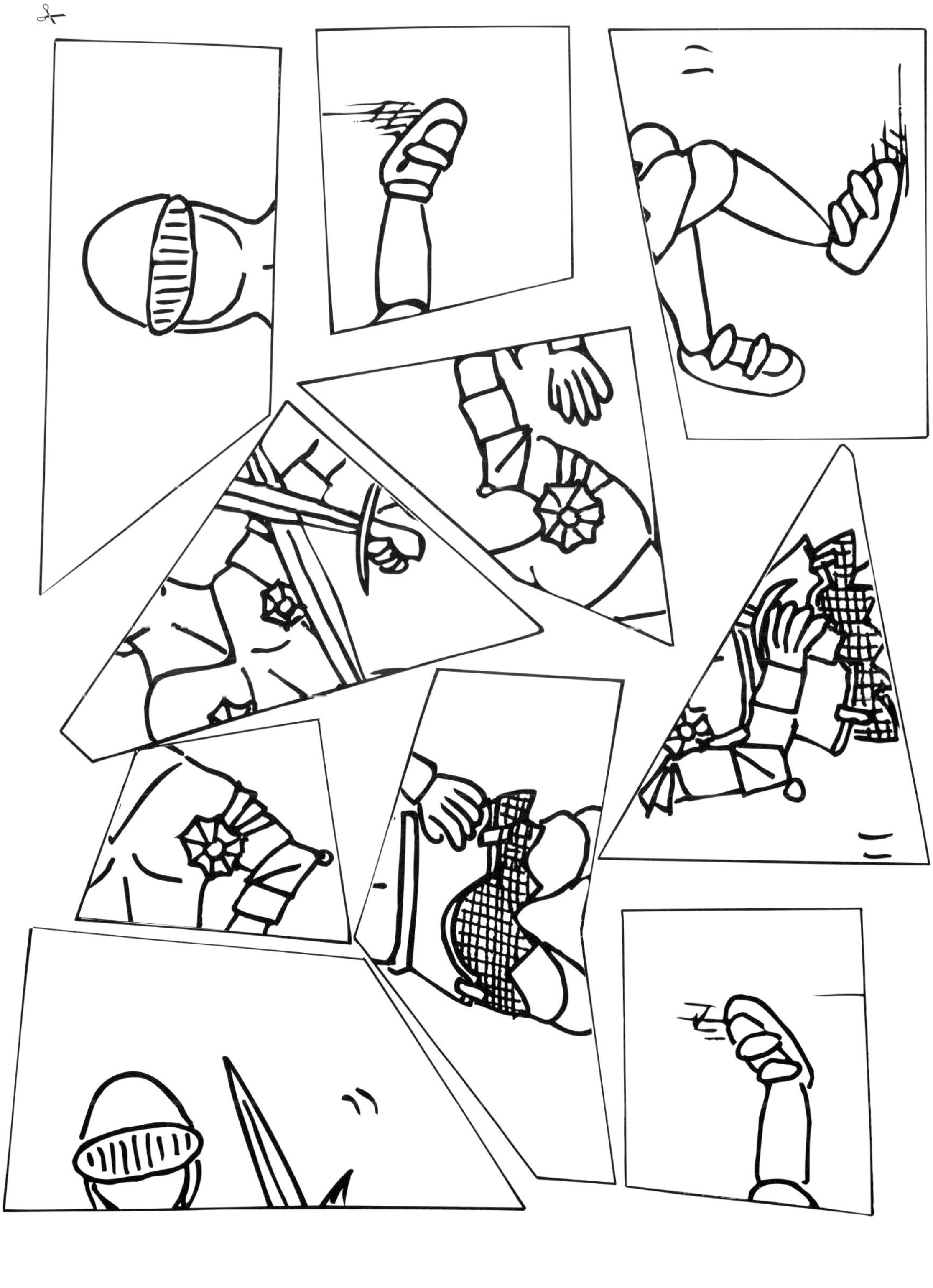

Arbeitsblatt zu Werkbereich: Ritterrätsel

Rätselaufgaben:

1. Er war mit Wasser gefüllt und zog sich um die Mauern einer Burg.
2. Um zum Burgtor zu gelangen, musst du über diese gehen.
3. Dieses ist der Frauenwohnraum in der Burg.
4. Gab es Gefahr, fanden die Burgbewohner hier Schutz.
5. Er schützt den Ritter vor Verletzungen am Oberkörper.
6. So hießen die Wettkämpfe der Ritter.
7. Hier wohnt die Ritterfamilie.
8. Bevor es die Rüstung gab, trugen die Ritter dies zum Schutz.

BVK LW04 • Birgit Groß-Ernst / Marion Strelau: Lernwerkstatt „Ritter“

Arbeitsblatt zu Werkbereich:

Raubritterspruch

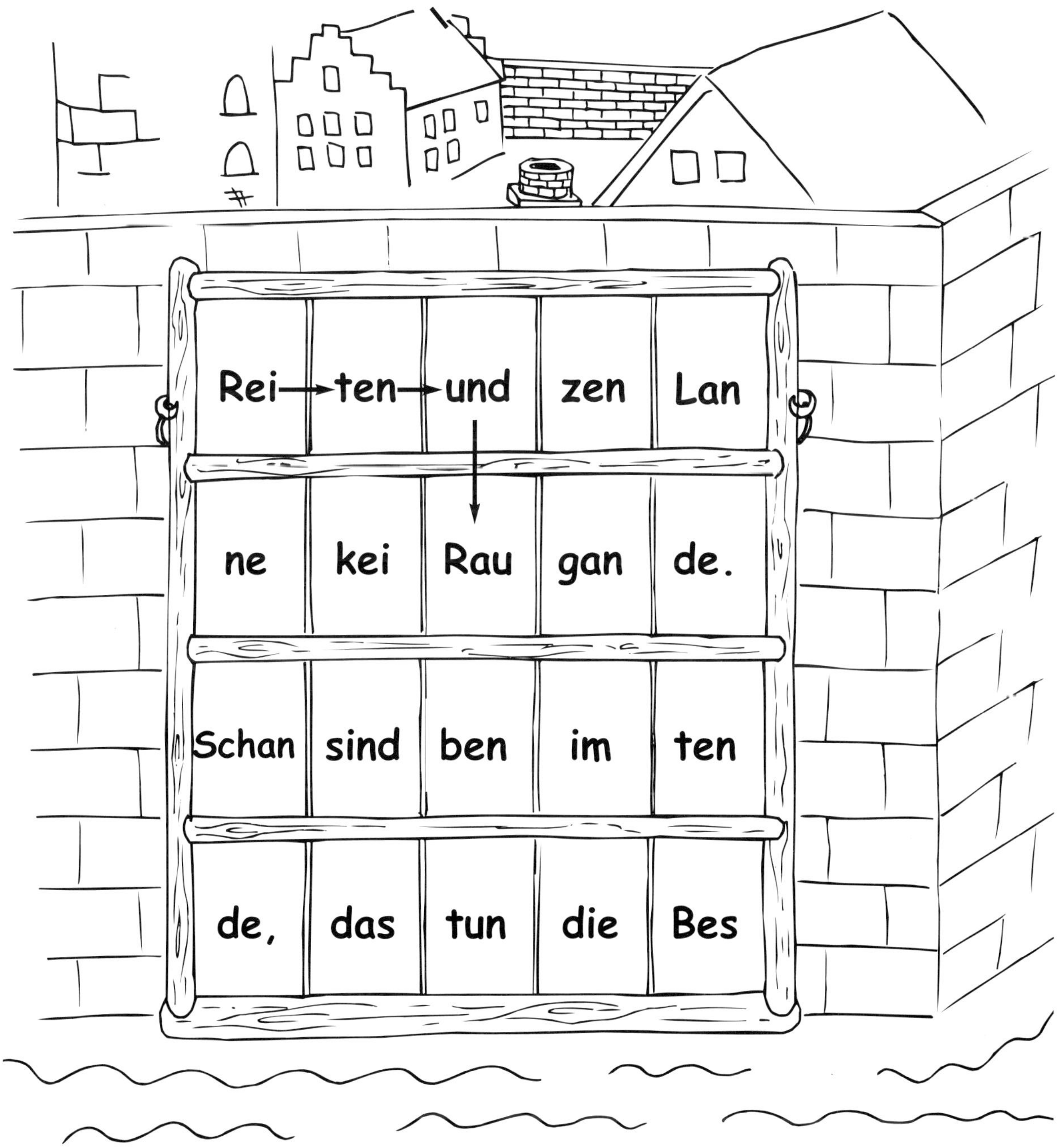

Wahlspruch: ______________________________

____

Lösungen

Zu Werkbereich: Ein Liebesgedicht – Schreiben wie die Ritter, S. 27

Du bist mein, ich bin dein:
Dessen sollst du gewiss sein.
Du bist eingeschlossen
in meinem Herzen:
Verloren ist das Schlüsselein:
Du musst immer drinnen sein.

Übersetzungshilfe

min	:	mein
din	:	dein
des	:	dessen
solst	:	sollst
gewis	:	gewiss
sin	:	sein
beslozzen	:	eingeschlossen
minem	:	meinem
verlorn	:	verloren
daz	:	das
slüzzelin	:	Schlüsselein
muost	:	musst
drinne	:	drinnen

Zu Werkbereich: Zählen wie die Ritter, S. 37

XII	=	12	LXI	=	61
IV	=	4	XXIV	=	24
XIV	=	14	LXXXII	=	82
MMI	=	2001			

Zu Werkbereich: Aufbau einer Burg, S. 40

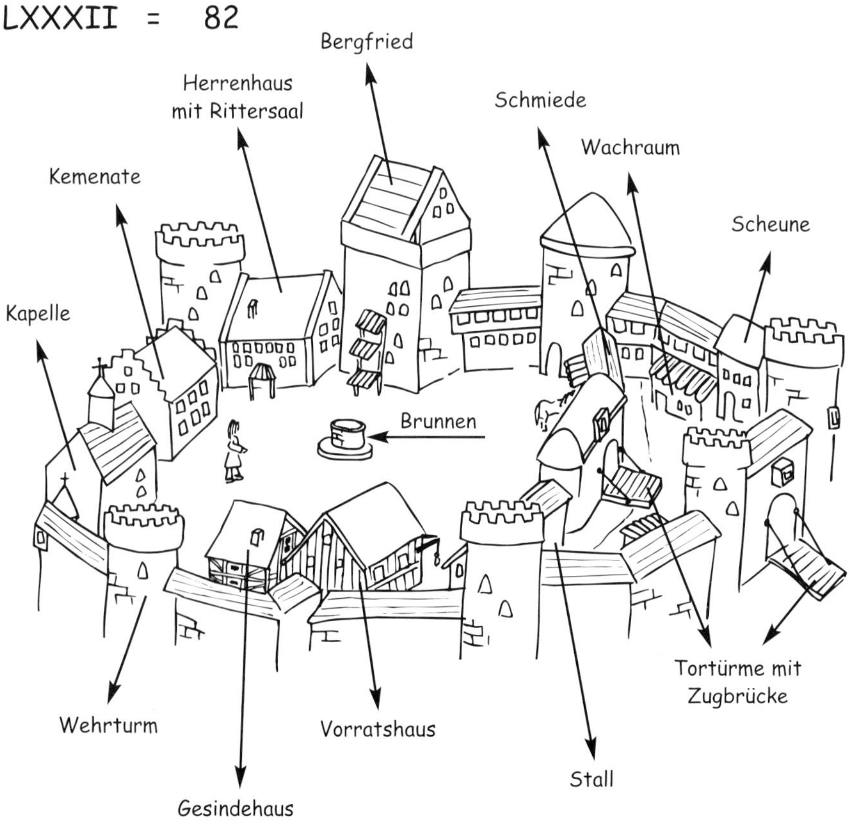

Lösungen

Zu Werkbereich: Der Ritter und seine Rüstung, S. 42

Zu Werkbereich: Das Anlegen der Ritterrüstung, S. 46–51

Lösung: RITTERRÜSTUNG

Zu Werkbereich: Die Zeremonie der Schwertleite, S. 57

Die Zeremonie der Schwertleite

1. Das Fest begann am Vortag mit dem Abwaschen der Sünden. Hierzu wurde der Knappe gebadet und anschließend auf ein weißes Bettlaken gelegt.
2. Nach dem Bad ging der Knappe in einem langen, dunklen Mantel zur Kirche. Die Kapuze des Mantels war so groß, dass das Gesicht des Knappen nicht zu sehen war.
3. In der Nacht vor dem großen Tag betete der Knappe kniend vor dem Altar.
4. Nachdem er die ganze Nacht gebetet hatte, zog sich der Knappe am nächsten Morgen ein rotes Gewand (Erinnerung daran, dass er sein Blut für die Kirche vergießen muss), schwarze Strümpfe (als Erinnerung an den Tod) und einen weißen Gürtel (Symbol für die Reinheit seines Körpers) an.
5. Mit dieser besonderen Kleidung wurde der Knappe in den Festsaal geführt. Hier bekam er von dem angesehensten Ritter seine Waffen und Sporen überreicht.
6. Die Knappen und die Ritter zogen gemeinsam zum Abschluss zur Kirche.
7. In der Kirche wurde das Schwert des neuen Ritters von dem Priester gesegnet.

BVK LW04 · Birgit Groß-Ernst / Marion Strelau: Lernwerkstatt „Ritter“

Lösungen

Zu Werkbereich: Turnierpuzzle, S. 58

Turnierart: Tjost

Zu Werkbereich: Ritterrätsel, S. 60

1. Graben
2. Zugbrücke
3. Kemenate
4. Bergfried
5. Harnisch
6. Turniere
7. Palas
8. Kettenhemd

Lösungswort: ARMBRUST

Zu Werkbereich: Raubritterspruch, S. 61

Rei ten und Rau ben sind kei ne Schan de, das tun die Bes ten im gan zen Lan de.